2008@ 시문학

시몽 詩夢

2008@ 시몽

인 쇄 : 초판인쇄 2008년 09월 22일
인 쇄 : 초판발행 2008년 08월 23일
지은이 : 고경희 진정옥 서재국 권동기 김영란 이병숙
박지우 정순일 김영신 강두철 최홍규 김광섭
박정민 김명수 우종준 김형환
펴낸이 : 우미경
편 집 : 윤기영
펴낸곳 : 도서출판 현대시선
등 록 : 제 387-2006-00017호
본 사 : 서울시 동대문구 장안동 381-8 삼보A동 102호
지 사 : 경기도 부천시 원미구 원미동 147-12
전 화 : 02-844-5756 팩시밀리 : 02-831-5832
이메일 : hdpoem55@hanmail.net

정 가 : 7,000원정
ISBN : 978-89-92687-10-2-03810

시문학 · 제1집

시몽 詩夢

도서출판 현대시선

◆권두사◆

2004년 8월 28일!
다음사이트 속에 즐비한 문학카페를 돌며
글과 글이 마주치고
시와 시가 소용돌이 칠 그런 공간을
염원하다
결국 그날 밤 일을 저지르고 말았다.

꿈과 염원이 합일체가 된 기분으로
삶과 인생이 동반자가 된 기쁨으로

시몽(詩夢)의 슬로건을 걸고
작은 문학을 꿈꾸기 시작함과 더불어
함께 희로애락 할 그리운 님들을 만나기
시작하였으며

그 뜻과
그 맥을 사랑하며
4년이란 세월을 동고동락하며
숱한 인고의 숲 속을 헤쳐 오면서

꼭 해야 할 일이
바로 시몽동인지를 편찬하는 일이었다.
그 꿈이 오늘에야 결국 이루고 말았음에
그간에 멍들었던 시련들이 찰나의 흥분을
자아냄은 물론 이제부터 시작이란
긴 터널을 뚫기 시작한 것이다.

제1집을 필두로
시봉동인들과 끊임없는 시창작의 혼불을
지필 것을 엄숙히 다짐하는 바이다.

또한
수많은 동인지들 틈에서
나지막이 흘러가는 허접한 세월이 아니라

함께 동행하며
함께 어깨를 견주며 쌓아가는
그런 문학적 동인지를 위해
아낌없는 창작의 길을 향해 걸어 갈 것을
조용히 주문해 본다.

제1집에 참여하신 동인여러분들께
다시 한 번 감사의 말씀을 드린다.

글은 마음으로 토해야 하며
마음은 곧 창작의 열정적 가치를
토함으로써
문학의 길은 찬란하리라 믿는다.
감사합니다.

2008년 9월

詩夢카페지기
白巖 배상.

목 차

시문학 P / O / E / M

가은(可恩)

본명: 고경희

출생: 1962년 6월 28일(음) 제주도
경력: 티케이케미칼 근무
주소: 경북 구미시 사곡동 힐하이츠b동301호
홈피: bhttp://www.cyworld.com/hee628
메일: 1162062811@hanmail.net

목차:

빗물

우두득 울음을 터트린
빗물은
그 무엇이 두려워
바람까지 소리내며 달려와
침묵하던 나무들을 흔드는가

말을 못한다고
아픈 표정을 지을 수 없다고
내 비칠 수 없는 마음 안에선
그 새
고인 빗물이 넘쳐흐르건만

그칠 줄 모르는 차디 찬 바람은
피할 수 없는 아픔들인가
넘쳐흐르는 빗물에
씻기 울 수만 있다면.

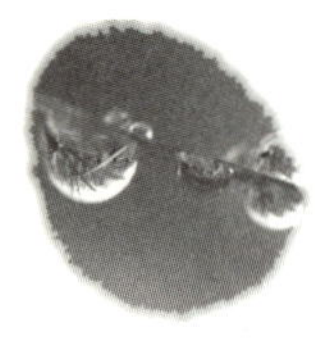

주산지

푸르름을 가로 질러
숨 가쁜 내려놓으니
기다린 듯 산새들이
앞 다투어 날 반기네

두툼한 신발에 날개 달고
저 언덕 넘어 환상의 호수를 찾아
해와 물이 어울린 신선되어
은빛가루 흩뿌리니
그곳엔 보석으로 가득하네

입을 옷이 없어
흉한 모습으로
수많은 세월 거듭하여도
달빛 속에 침묵으로 우두커니 선
푸른 왕버들 나무.

그리운 경산역

그 누군가가 손 흔들며
저 만치에서 반가움에 웃음 지우며
날 향해 시선이 집중돼 있을 것 같은
옛 추억의 발목을 잡는 경산역

가슴에 무질서하게 엉켜있는
무수한 사연들이
잠이든 경산 밤하늘에
옹기종기 모여나와

달려오는 기차에 나와 동행하는
잊을 수 없는 기억들
어김없이 따라나선 그리운 얼굴
차 창가에 메달린체로 힘겹게 바라보는
너의 눈이 애처로워
사랑의 눈물 흘린다

경산 하늘에 무수히 나와 마중하는
별빛은 너의 사랑 너의 그리움들
안녕 나의 사랑이여.

가을

떨어지는 낙엽 힘없이
거리에 방랑자 되면
슬픔에 찬 눈동자
메어오는 목소리

5월의 푸른 기억들은
그리움의 연기되어
저 하늘 위까지 올라올라
하얀 구름 되어
언덕 위를 노니는 구나

난 널 기억하마
거센 비바람에
풍랑경보가 울려도
흐트러짐 없는
당당한 모습으로

곳곳에 수명 잃은 슬픈 노래에
서러워하지 마라
긴 여행 마치고
돌아오면 널 마중하는 사랑이
기다리고 있을 테니.

추억이 머무는 공원

사랑하는 동안
슬퍼하는 동안

아름다운 한 귀절의
시가 떠오르면
내 육체에 지니고 있는 공간마다
애써 손을 내밀지 않아도

어느새 정착의 보금자리를
마련해 놓았다.

잔잔한 바람에 소곤거리는
어린나무들도

봄눈에 서성거릴 뜸새도 없이
당당한 모습으로 싹을 틔우고

열매를 맺기 위한 준비과정이
순탄하지 않은 원리는

인간과도 같은 운명
고난의 문의 몇 번 열릴 때마다
참고 이겨내는 인내가 필요하리라

찬란한 아침태양이
희망의 날개 펼칠 수 있게
용기의 빛을 주리라.

커피가 그리운 날

바람에 날리우는
아카시아 향기
가득 머문 곳에서
한 잔의 커피를
마시고 싶다

당신과 함께 걸었던
5월의 유채꽃 사이로
그리움이 밀려들면
가슴 끝자락에
저며 오는 아픔을
진한 아카시아 향기
타서 마시고 싶다

오늘처럼 한 잔의 커피가
그리운 날에는
당신과 같이 거닐던
노오란 유채꽃밭 길을
걸어보고 싶다

깊게 묻어든 아름다운 추억
하나씩 꺼내 입에 물고
달콤한 옛 이야기 나누며
노오란 유채 꽃이 그려진 커피 잔에
진한 사랑 타서 마시고 싶다.

모란(慕蘭)

본명: 진정옥

출생: 1966년 10월 21일(음)
경력: 상담교사
심명: 사랑의 향기로운 사람
주소: 경기도 안양시
메일: sulgi5@hanmail.net

목차:

여름 비

여름 비 내리는 창가에
살며시 다가오는 외로움과

욕심 많은 그리움이
투명한 영혼 하나로 각인되어

가슴을 울리는
슬픈 노래가 되어

어느새 일렁이는
눈가의 이슬방울이여!

꿈 길

나약한 영혼 감싸며
막무가내로 덮치는 무의식

열망이 눌러 온 불씨 하나
걷잡을 수 없는 불길

황홀한 향기 꿈으로 피어
등줄기를 타고 흐르는
아련함

미리내 아래 여린 마음으로
고요를 잠재우며
수없이 반짝거린다.

짝사랑

가슴으로 퍼지는 앳띤 파도
애타는 가슴앓이

눈 맞춤 위해 석달 열흘 삼켜도
부드러운 눈길에
엉긴 가슴이 녹아내려
휘청거리는 발걸음

심장을 불태우는 사모의 정
단단한 울림 되어
허공만 젓을 뿐
갈 곳 없는 하소연에

뜨겁게 쌓이는
찬바람.

마른 꽃

마음을 동이듯
그리움의 무늬를 새기며
걷잡을 수 없는 심연의 바다

옛 연인의 향기로
슬그머니 안겨오는
물결치는 은은한 빛깔
새침 떼기 추억이 주춤거린다

바싹 마른 꽃잎이 어우러져
날 보며 빙긋 웃던

고운 향기로
고운 연인 하나가
내 책갈피 속에 들어 있다.

노을빛의 향연

좌우로 거대한 몸통을 휘저으며
불춤을 추는 해
장엄한 하늘의 무한한 생동감

노을빛에 젖은 감정
숱한 언어들이 벌떡 일어나
고독을 토로하며
투연 되어 춤을 춘다

상념들은 조각구름에 앉히며
남은 가슴 다독이며
찬란한 꽃을 피운다

한바탕 향연을 마친 하늘
언제 그랬냐고
시치미를 뚝!

가끔 그렇게

가끔, 바보 되어 살고 싶다
누구나 가진 헛된 욕망 버리고
아무도 탐내지 않고 버려 둔
저 파란 하늘을 내 것이라고
마음껏 욕심 부리며
가끔, 비가 되어 살고 싶다
이 세상 모든 추함과 악함
중상모략을 씻어내어
하늘의 얼굴처럼
온 세상을 푸르게 만들 만한 비 되어
가끔, 해 맑은 웃음 지며 살고 싶다
인정 없고
정상을 향해 밀고, 당기는
숨 가쁘게 허덕이는 고독한 세상
정 깊은
해 맑은 어린아이처럼.

무중(無中)

본명 :서재국(徐在國)

출생: 1962년 7월 3일(음) 전남 화순
별명: 시베리아
경력: 교도소, 구치소 교화활동
현재: 황수사 주지스님
주소: 경북 영천시 고경면 덕정리 525-1 황수사
홈피: http://www.moojoong.com
메일: tkwn4784@hanmail.net

목차:

그곳에서 살고 싶소

태양의 기운을 받아
산능선이 힘있게 굽이쳐 내리뻗은
그곳에 부처님의 가피로 절을 불사하고

우측 계곡에서 사계절 끈이질 않고
흘러내리는 물소리를
가야금, 대금산조 삼아 살고 싶소

산속 풍경은 곧 부처님의 설법이자
고향임을 느끼며
부처님 법을 새들에게 전해 세상에 알리고
텃밭에 상추심어 선한님들 상추쌈 먹는
눈망울 바라보며 시를 쓰며 살고 싶소

신선이 노니는 산수도 그려 나눠주며
즐거운 마음으로 부처님 법전하며
살고 싶소

독도는
백년 안에 누군가 절을 지을 것이요
바다속 용궁에는 이백년 안에 누군가
절을 지을 것이요
내 다시 이생에 오면 그곳에서 살고 싶소.

오도송

새벽을 헤치고 강가에 도달하여
낚시대 드리우고 입질을 기다리니
큰 고기, 작은 고기가 잡히더라

동이 중천에 뜰 무렵 입질이 한산해져
강변을 거슬러 내려가니 그곳에는
모래는 모래대로,
자갈은 자갈대로 모여 있더라

한순간 눈이 번쩍 시선이 가는 곳을
바라보니
산꼭대기에 논이 있고
강물 한복판에 백일짜리 아이가
수영을 하더라

그렇다! 지금까지는
물속에 있는 고기를 건져 올려야만
잡는 줄 알았으나
잡지 아니하여도 잡는 법을 배웠으니
정히 낚시 대를 띄울 필요가
어디 있더란 말인가.

만약 당신이 사랑에 빠지면

살아오면서
늘 내 생각과 똑같이 되기를 바라지 말라
라는 것을 되뇌이며 살면서도
나도 모르게 사랑에 빠져버립니다
무용지물이 되어 버렸어요.

신이 아니고 인간이기에 어쩔 수
없었나 봅니다.
평상시에는 신이 없으리라 믿으며 살면서도
오늘은 신을 찾았어요.
신이 없지만 때로는 신을 찾을 때가
있는 것이 인간이기에
거기에 해당 되었던 것이죠

나처럼 사랑에 빠지면
그 누구라도 어쩔 수 없을 것입니다.
어떠한 이유로 그 사랑이 완성 될 수
없다면 신사로써 물러나야 됩니다.

자꾸만 군더더기로 임하면
진정한 신사가 아니니까요
님들께 말하고 싶은 것은
무슨 이유인가를 묻지 말라는 것이죠
이유가 있는 사람에게 이유를 물어
본다는 것은 진정 그 사람을 사랑할
자격이 없는 것이랍니다.

당분간 고통이 따를 것이고
그 고통을 잊으려면 세월이 필요합니다.
그렇다고 이 순간 포기하는 것은
결코 아닙니다.
상대의 자유로운 선택을 기다리고
있을 뿐이죠

내 생각대로 되기를 바라면
고통의 연장이겠지만
상대의 뜻을 고려한다면 상대가 뜻의
근원지를 찾아 간다라면
상대를 위하여 박수를 치며 행복하기를
기원 했을 때 비로써 본인의 고통에
얽매이지 않을 거라 생각하니까요.

자! 모든 것은 자유입니다.
자유롭게 아주 자유롭게 그냥 두는 것이
그 사람을 진정 사랑했다리고
말 할 수 있으니까요.

주지가 누구냐고 묻거든

사찰에 님 오시어 주지가 누구냐고 묻거든
텃밭에 상추가 주지라고 말하리라

또다시 큰스님이 누구냐고 묻거든
묵묵히 법회를 정해놓고
행하는 스님은 있어도
큰스님은 없다고 말하리라

님의 길목에 등불을 밝힐 뿐
그 등불을 보았다면
님의 마음이 이미 등불이오
님의 등불로 또다시
세상은 밝으리라

사찰에 신도가 없다는 이유로
법회를 안 한다는 것은
그대의 깨달음이 없음이리라

신도가 단 한명도 없어
설법을 들어 줄 이 없다면
마당에 새들의 모이 뿌리고
새들을 향해 설법하여라

주민들이 첨엔 미쳤다고 하겠지만
세월이 지나면 그대가 곧
조그마한 사람이었으리라.

위하여

매서운 날씨가
온몸을 얼구어 덜덜 떨린다.

그래도
어머니가 날 낳을 때의 고통보다
더 하겠는가

보라!
비에 젖어 흐느끼며
때론 웃으며 거리를 방황하는
미친 여인을

알고 보면
우리의 형제, 우리의 부처이며
인간의 존엄성의 스승이거늘

눈뜬 봉사들 보지 못하고
어디매 무(無)자를 화두삼아 깨우쳐
보겠다고 하는가

깨달음은 고통 없이 절대로
가져다 줄 수 없는 것
깨달음은 내 마음의 고향을 찾아
다시 돌아오는 것

새야 새야 파랑새야
물질만능주의에 빠져 사는 것들
모조리 쪼아 먹어 버려라

새야 새야 파랑새야
내 마음의 고향을 찾고자 하는 벗을 위해
준비한 노래를 들려주어라

예수는 아가페를 원하고
석가모니 부처는 자비를 원하니
세상 모두가 부처님을 깨우쳐라 했는데

깨친자는 별로 없고
사찰마다 앵무새 울음만 가득하여
사월초파일 등달아 줄 사람만
기다리는 구나

예수와 석가모니 부처는 몸 둘 바 없어
세상엔 신이 없다고 선포하였지만
어리석은 인간들은 신을 찾고 있구나

보라!
유유히 흘러가는 강물을
도무상위(道上無爲) 이무불이(而無不二) 도는
아무것도 안하는 것 같지만
그 무엇을 하고 있듯이
강물은 말이 없되 말을 하고 있음을
귓전으로, 가슴으로 들려오지 않는단 말인가
박사학위를 소유하면 뭐 할것이냐

죽기 전에 깨닫지 못하고 죽을 바에는
혀를 깨물고 자결을 해 버려라

차라리 원시시대로 돌려놓아라
그것이야말로 인간의 가장 순수의 세계이며
그 자체가 모두가 깨닫고 사는 세상이다.

자연으로 돌아가라 함은
시골에서 살라는 단순한 뜻이 아니다.
마음의 여유를 가지고 산다는 것은 곧 여
래가 느끼는 몫이다.

하늘은 온통 빨갛고 바다는 온통 검었지
만 사람들은 보지 못했다
몸이 아프면 병원만 가는가
병원은 바다 속에도 있고
하늘에도 있었다
다만 그대들이 찾지 못할 뿐이다.

우리 곁의 부처

누군가 나에게 욕할지라도
누군가 내 심장을 찌르는 글일지라도
누군가 내 얼굴에 침을 뱉을지라도
누군가 나를 구렁텅이로 빠뜨릴지라도
누군가 나를 음모하여 죽이려 할지라도
누군가 날 사랑하는 줄 알았으나
배신할지라도

모든 것을 없는 듯이
모든 것을 느끼지 않는 듯이
모든 것은 내가 있기 때문에
발생하는 어리석음이니
나라는 나를 버리므로
진정 들리고 보이는 세상만물이
아름답고 평화스럽고 믿음으로 다가와
부처로 보일 것이다.

그때야 비로소 자신이 개입하지 않는
세상만물만이 우리 곁의 부처가
되는 것이다.

백암(白巖)

본명: 권동기(權東基)

필명: 초농(草農), 남휘(擥輝)
출생: 1962년 7월 2일(음) 경북 영덕
심명: 진인사대천명(盡人事待天命)
경력:
서울, 대구의 신문, 잡지, 출판사 등에서 다년간 편집장
대구, 동기출판사 및 월간 다복솔 발행인 및 편집인
귀농(歸農)
현재: 출생지에서 주농야시(晝農夜詩) 中.
홈피: http://poembox.kll.co.kr
메일: kchonong@hanmail.net

창작 시집 -
제01시집 천행시 (고독한 마음에 비내리고.1994)
제02시집 명보시 (빗물속에 흐르는 여탐꾼.1996)
제03시집 고성시 (고뇌에 사무친 강물이여.1997)
제04시집 추억시 (들녘위에 떠오른 그림자.1998)
제05시집 향수시 (고향은 늘푸른 땅일레라.1999)
제06시집 귀농시 (땀방울로 맺어진 사랑아.2000)
제07시집 전원시 (토담에 멍울진 호박넝쿨.2001)
제08시집 농민시 (농작로에 웃음이 있다면.2002)
제09시집 영농시 (눈물로 얼룩진 들녘에는.2003)
제10시집 여명시 (함박꽃이 시들은 전원에.2004)
제11시집 초야시 (산하는 무언의 메아리다.2005)
제12시집 주야시 (그리움이 꽃피는 산천에.2006)
제13시집 정해시 (노을빛 사랑이 피어나는.2007)

목차:

콧노래에
통곡하는 메아리

콧노래에
땀방울을 흘리며
하루의 짧은 노동으로도
행복의 뜨락을 일궜던
그 시절을 우리는 알고 있다.

뙤약볕에
쉴 틈 없이 일하며
반나절의 그 시간으로도
농심의 희망을 달궜던
그 순간을 우리는 알고 있다.

이젠
그 기나긴 여정이 머무는 들녘에는
통곡의 메아리가 들려온다.

우리는

우리는
우주에서 자연으로 꿈을 여는
자유분방의 신선한 흥취를 원한다.

우리는
자연에서 전원으로 맥을 잇는
음풍농월의 영롱한 행복을 원한다.

우리는
전원에서 들녘으로 땀을 쏟는
유유자적의 안락한 생활을 원한다.

우리는
빈곤이 사라지고, 근심이 떠나가는
뜨락에서 정겨운 의욕고취를 원한다.

그러나 우리는
속세를 삿대질 하고, 인류를 원망한다
한맺힌 노래가 산천을 넘나드는 이유로.

인생이란 것이

꿈속에는
잡힐 듯 잡히지 않는 것이
아름다울는지도 모른다.

삶속에는
헤맬 듯 헤매지 않는 것이
측은할는지도 모른다.

인생은
그 속에서 허덕거리다 가는
한 자락의 추풍일런지도 모른다.

이방인의 사랑

한 잎새의 물방울을 마시옵고
한 그릇의 무지개를 걸머잡고
거리를 나선
외로운 이의 행선지

낮에는 낮대로의 스캔들
밤에는 밤대로의 로맨스

희미한 하루의 삶은
호흡에 따라 흘러가는
이방인의 사랑

빈 허공에 나부끼는 정열은 사라지고
빈 대지에 부대끼는 허무를 물들이고
무작정 떠나련다

아무도 노래하지 않는 곳으로.

생명

꽃을
꽃이라고 불러줄 때

비로소
꽃이 되는 것이다.

꽃이
꽃이라고
절규한들

타인들이
불러주지 않을 때

그 생명은
낙화일 뿐이다.

그리운 사람아

익은 얼굴
풀잎에 묻어나는
오후

민물고기의 춤은
퇴색의 물속에 갇혀서도

산새의 노래는
메마른 가지위에 앉아서도

새롭고
해맑은 모습인데

중천의 햇살은
40여년 전의 모습을 토하며

소낙비를 쏟는다.

비원(斐園)

본명: 김영란

출생: 1962년 11월 5일(음) 서울 영등포
신명: 상대방에게 거짓말을 하지 말자
주소: 인천 광역시 남동구 구월4동 1286-10
대암빌딩 4층
메일: lan97469908@hanmail.net
저서: 연서(시집2004),
숲속 연가(수필2008)

목차:

고적하다

술이 마시고 싶어 고적하고
담배 한대가 그리워 고적하다.

창가에 내려앉은 잠자리도 고적하고
물기 없는 자갈밭도 고적하다.

텃밭의 상추가 시드니 고적하고
저녁놀이 지니 하늘이 고적하다.

매미가 울어 고적하고
뙤약빛에 가려진 그늘이 고적하다.

하늘이 울고 있어 고적하고
바람이 울어 고적하다.

님은 있으나
등을 돌리고 있으니 고적하다.

이내 한 몸 건사하기 어려워 고적하고
구슬픈 노래 가락에
마음 젖어드니 고적하다.

입추(立秋)가 코앞이라 고적하고
나이를 먹어가니 고적하다.

때론

때론
힘이 없다.

눈썹하나 세울 기력도
때론
날고 싶다.

바람처럼 흩날리고도 싶고
안개처럼 피어오르고도 싶다.

때론
'나' 이기를 포기하고 싶다.

바람에
구름에
하늘에 기대어 가고프다.

빈집

쓸고 간 자리
흝고 간 자리

존재가 없다
바람도 없다

거슬러 올라가니
빈집인 것을

가라앉은 먼지 속 발자국
기약이 없다.

선녀

거미가 줄을 타고 내려온다
씨실과 날실을 엮으며

풍뎅이가 엉덩이를 비빌 때
선녀가 내려오고 있다.

살포시
살포시

무지개 끝에 걸터앉아
물레질을 한다.

물안개가 거울이 되어
땅을 비추고

선녀의 춤사위는
너울의 긴 끈을 오가고

바람은 간곳없이 잠에 빠져든다
코끝에 머무는 향기는
마음을 혼곤하게 한다.

연꽃향기

미소가 머무는 눈가에
향기가 머무는 코끝에
고요한 가슴에 머무는
바람 같은 미(美)의 향기

구름을 타고 쪽빛 하늘을 나는
님의 향기라
팔만 사천 대지에
동그랗게 말아 올린 손가락 사이
연꽃향기 피어오른다.

뽀얀 속살의 고운 향기가 대지를 적시고
파란 잎 사이 곧은 줄기 사방에 뻗어
곱고 화려한 모습을 드러낸다.

빛 고운 한지에 묻어나는 향기가
고이 접어 안아든 세상 속의 연화라
피안이라 이른다.

피어나는 풀꽃

하늘 속으로 달려가는 향기가
마음속에 머물렀다.

맑은 개울가에 머무는 갓 피어난
노란꽃송이
눈으로 사랑하고
코로 머금어
사랑으로 피어나는 작은 풀꽃

살랑 살랑
개울가의 시냇물 내음도
한시름 달래고
노랑나비 날개 접어 앉는다.

작은 풀잎 한 자루가
오고 가는 길손들의 발목을 부여잡고
파란 하늘 구름이
살며시 내려앉는다.

서림(書林)

본명: 이병숙

본적: 강원도 횡성군 안흥면 소사리
심명: 오늘이 나에게는 최상이다
주소: 강원 속초시 조양동 동명A 가동 305호
등단: 2005년 현대시선 가을호 시로
공저: 달빛에 그린 눈물 현대시선 수레바퀴2
현대시선 문집 시 다수 발표
현대시선 작가협회 정회원
메일: 0182209185@hanmail.net

목차:

네게 소망하나 있다면

네게 소망하나 있다면
실루엣 같은 풍경 속에서
서로를 아껴주는 문우이기를 소망한다
네게 소망하나 있다면
더러는 내가 너가 되고
때로는 너가 내가 되는
문우이기를 소망한다
수많은 억겁의 삶속에서
각기 다른 모습으로 살아온
너와 나이기에
모두가 똑같은 마음이기를
바랄 순 없지만
인연의 고리로 맺어진
너와 나이기 전에
우리들이기를 소망한다
그러므로 이 아름다운 우정에 삶이
우리의 끝 날이 올 때까지
등 돌리지 않는
아름다운 삶의 여정 같은
문우이기를 소망한다.

풍경속의 사랑

우리들의 사랑은
추억이나 사랑의 언어도 각인되지 않은
그림 속에 풍경 같은 사랑입니다
우리의 사랑은 말이 없습니다
우리의 사랑은 추억이 없습니다
말도 추억도 없는 우리의 사랑에는
서로의 느낌으로 다가오는
그대와 나만이 느낄 수 있는
따뜻한 마음이 있습니다
마음으로 느끼는 사랑
다가갈 수 없어도, 네게 올수 없어도
그 마음 하나로 행복하기에
내 진정 마음 하나로 맑게 사랑합니다
풍경속의 사랑 같은 이야기
고운 눈으로 바라보고 지켜주는 사랑
진실한 님의 사랑
그 마음을 진정 사랑합니다.

자연 앞에 합류하면서

한여름 날
새벽 소나기 한차례 지나간 뒤
서서히 걷혀오는 맑음은
그 무엇과도 바꿀 수 없는 자연의 힘으로
우리들과 합류하며 하루 앞에 선다
멀리 보이는 산자락 능선으로
베시시 웃으며 피어오르는
새벽 운해가 가슴을 열어주고
자기 모습 들어내는
산의 모습은 정겨우며 힘겹다
그 모습은 엄한 모습과 웅장함이
살아 숨쉬고
때로는 따뜻하고 부드러운
어머니의 품과도 같은 산의 모습이다
그 자연 앞에서
또 얼마나 많은 삶의 투쟁이 벌어지고
있을까?
아름답다고 아름답게만 볼 수 없고
멋진 모습이라 하여 멋지게만
볼 수도 없으니
이 또한 얼마나 많은 베일에 쌓여
아름다움을 창조하는 자연인가!
끝없이 잉태하고 파괴하는 위력을 가진
대자연의 숲속에서
우리는 오늘도 자연 앞에 합류하며
내일을 위한 발걸음을 내딛는다.

서글픈 사람
웃음 짓는 사람의 사랑이
자연과의 만남으로
그것이 오늘의 삶으로
자연을 볼 수 있음은
우리 모두의 행복한 순간이다

득이 되던 또 아니더라도
자연을 바라보며 오늘을 걷는
우리라면 참 좋겠다

그 모습이
바보처럼 보일지라도!

詩가 있는 마을
이방에서 부른 노래

오늘 하루 잠에서 깨어
이 방에서 글과 눈 맞춤하며
창만 바라보고 있었네요
그 동안에 올려졌던
나의 글들을 살펴보면서
지난 시간들을 회상해 보았습니다

가슴이 울컥 치밀 때마다
이곳에 와서 불렀던 나의 노래들
참으로 행복 했었다는 생각해 봅니다

어느날 지기님의 초청을 받고
다른 문학카페에서 다친 시련이 겁나
흥쾌이 들어올 수 없었던 이곳
몇 번의 반복되는 초청메일의 덕택으로
엉거주춤 걸음으로 이곳에 앉았습니다

반겨주는 그 모습들이 정겹고
다리를 쭉 뻗고 앉았던 시몽(詩夢)
이곳에 안주한지도
어느덧 몇 년의 세월과
몇 달의 시간이 되었습니다
그러면서 울고 웃는
푸념의 시간이 반복되어
9월의 가을을 맞았습니다

참으로 정겨운 님들
모두가 같은 마음으로 한곳을 바라보는
우리님들
애환이 있고, 사랑이 있는
아픔이 있고, 사랑을 보듬으며
행복을 빌어주는 님들
정말로 사랑합니다.

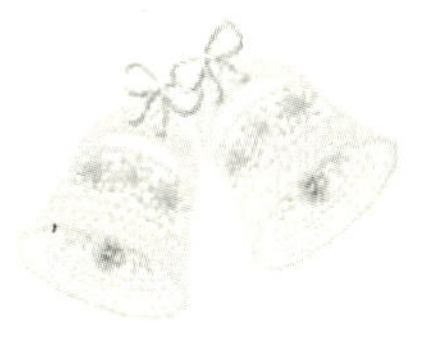

업(業)으로

업(業)으로 왔다
업(業)으로 돌아 갈 인생
너와 나는 무슨 업(業)이였기에
이리도 서로에게 모질었을까?
두고 보고
생각에 생각을 해봐도
우리 사이에는
도저히 용납이 안 되는 이유들
과연 이생과 전생은 있는 걸까?
이젠 그런 것도 의심스럽다
무슨 인연이기에
이렇게 얽키고 설키어서
그렇게도 수많은 날들을
울고불고하며 미워했는지
이해가 안 되는 의문이 맞을까?
그래 그것이 답인게다
만나지 말아야 될 인연들
그래서 이렇게 힘이 든게다
노력할 만큼 했고
사랑할 만큼 하면서
마음 아프게 바라보았건만
언제나 돌아보면 답은 제자리
얼마 만큼에 업(業)이 남아 있을까?
너와 나의 업(業)
우리 아픈 업(業)이지만
내리는 저 빗속에다
조금만 쉼표로 잠시 맡겨둘까?
너와 나의 생이 끝날 때 까지만.

보이지 않는 사랑

그래
우리사랑은
결코
눈에 보이지도 않습니다

허지만
애원도 안합니다

그냥
마음 안에만 있으면 됩니다

어느 날
만날 인연이여서
만나진다면
그때는!
뜨겁게
당신을 사랑 하겠습니다

그러나
그런 날은
결코 오지 않을 듯싶습니다.

소운(笑耘)

본명: 박지우(朴祉雨)

필명: 화수분, 청일점(靑一点)
출생: 1956년 10월 15일(음)
심명: 실패는 있어도 포기는 없다
주소: 경기도 용인시
학력: 고등학교졸업학력 검정고시 합격
'74 대구 동양종합통신대학 침구(鍼灸)학과 졸업
아주대학교 평생교육원 문예창작 詩과정 수료
'02 한국방송통신대학교 중어중문학과 졸업, 동 대학 법학과 4년 재학 중
경력: 2006 한비문학 시, 수필 부문 등단, 한비문학작가협회 회원
시인과 사색(한비문학) 2,3집 동인,
대한민국공무원문인협회회원, 동 협회동인(새벽을 향해 태양은 질 뿐이다)
약용식물관리사, 심리상담사, 경비지도사, 한문지도사, 행정관리사, HAM
現在: 수원서부경찰서 민원실장(警衛) 재직 中.
홈피: http://www.hanbimh.com/p0001
메일: 8500china@hanmail.net / icepk@naver.com

목차:

담배

휑하니 너른 들판에서
거친 바람 세찬 비 다 이겨내고
누런 갑옷 두르고 버티다가

제 몸 부서지는 아픔 견디며
순백의 삼베옷으로 새 생명 얻어
금 반짝, 은 반짝 곱게 치장하고

어느 낯선 남자 굵직한 손이거나
예쁜 여인의 가느다란 손가락
때로는 굵은 주름 노인의 손끝에서

화끈하고 멋들어지게 한순간 불타고는
하얀 연기로 화(化)하여
허공에 흩어지고
바작바작 타들어가는 남은 몸뚱이

천덕꾸러기 꽁초가 되어
이리저리 길바닥에 나뒹굴면서
허옇게 드러나는 몰골, 빛바랜 잔해

던져질 때 얼마나 서러웠을까
마지막 남은 불꽃은 또,
어떻게 아끼며 태웠을까

오랜 날 인고(忍苦)의 세월
살이 찢기고 뼈를 깎는 아픔 견디고는
잠깐의 영화(榮華) 헛되니
한 때의 화끈함에 넋 잃는
하얀 옷단장(丹粧), 담배는 되지 않으리라
꽁초 되어 버려지기는
죽기보다 싫으므로.

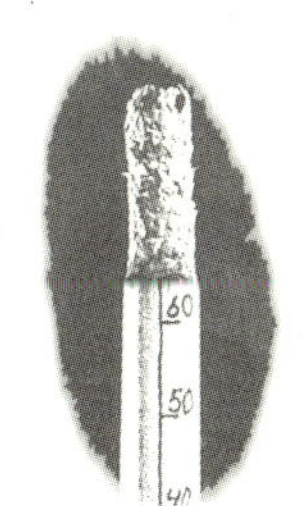

나는야

나는 갈대가 되리라
비바람에 이리저리 흔들릴지언정
부러지지 않고 버틸 수 있으니

나는 또, 한 포기 잡초가 되리라
뜨거운 뙤약볕 아래서도
소나무 그늘 아래 한가로울 수 있으니

나는 바보처럼
대나무나 소나무는 결코 되지 않으리라
바람이 세게 불면 부러지고 말테니

누가 뭐라던 나는 결코
바람에 맞서지 않고
이리저리 눕히고 비껴
때를 기르리라

나는 갈대가 되고 잡초가 되어
끝까지 견디어서
드디어는 숲을 이루리라

비바람도 쉬어가고
뙤약볕도 쉬어가는
시원한 그늘이 되리라

하지만
잡초 같은 내 삶이었으되
분명코 갈대는 아니었다고

단연코 말하리라
머언 먼
훗날.

지는 해가 뜨겁다

지는 해
뜨는 해
떠 있는 해

마지막 남은 한 방울까지 짜내어
온 몸으로 정기(精氣)를 모아 태우며
힘껏 쏟아내는 햇살

그 빛이
더욱 찬란(燦爛)하고
고귀(高貴)한 것은

뜨는 해보다
중천(中天)에 떠 있는 해보다
어쩌면 지는 해이리라

이제, 머지않아
서산(西山)에 뉘엿 떨어져
묻히게 될지라도

한 밤 달로 다시 태어나
온 누리 곱게 비춰리니
이름도 아름다운 월광(月光)

초생 달도 좋고
반달도 좋지만
이왕이면 보름달이 되리라

은은(隱隱)한 큰 빛을 모았다가
한 낮 애 쓰는 해에게
쉴 틈을 만들어 주게.

자존(自尊)

발그레 홍조 띤 얼굴
백옥(白玉)같은 속 살
달디 단 꿀이 솟아나는 샘

맛깔스런 사과 같은 그것을
항상 곁에 두고 싶은건
정녕 혼자만의 욕심일까

누구에게도 들키지 않고
아무 때나 그를 만나기 위해선
나만의 성(城)이 필요하다

그것은 너무 견고해서도 안 되고
무엇이든 아무 때나 넣을 수 있어야 하며
열쇠 없이 문을 열어야 한다

성(城)지기는 필요없다
내가 그 지기이며
내가 바로 열쇠쟁이니까

마음의 문을 열면
언제 어느 때 누구에게나
그를 내보여 줄 수도 있다

함께 그 맛을 보고
함께 즐거워하며
함께 향기를 나눌 수 있다

그는 바로, 자기를 지탱하고 존재케 하는
자존감(自尊感)이요, 자긍심(自矜心)이요
명예(名譽)라는 이름의 또 다른 자신.

상념(想念)

야간 근무 첫 시간
현관문을 열고 나와
뒷짐을 지고 하늘을 올려다본다

쏟아질 듯 반짝이는
별들 사이로
유성(流星)이 흐른다

꼬리를 길게 남기면서
저 별은
어디로 가는걸까

미지(未知)의 태양계일까
아니면 지구 반대편일까
지구별에서 떨어져 나가기는 했을까

쉼 없이 자전(自轉)해야만 하는
더불어 우주와 함께 어울려야 할
작고 푸른 지구별

내가 발붙이고 있는
이 땅, 이곳도
지금 뭇 별들과 함께 하고 있겠지.

기다리는 마음

그날이 오면 나는
두 손 모아 기도하는 심정으로
우주를 마음으로 안는 신성함으로
너를 기다리리라

네모날까 세모날까
동그랄까 길쭉할까
있을 건 다 있을까
잘 될 거야 조바심 내고

얼마나 크고 듬직할까
흠 없는 얼굴일까
매끈하기는 할까
아름답고 튼실하겠지

껍질은 괜찮을까
암 괜찮아야지
그래 아무 일 없을 거야
그럼 그렇고말고

잘 익은 열매를 얻고 나서
사흘 나흘
아니면 일주일
그리고는 본향(本鄕)으로 가야 할까

오만가지 생각을 다 하면서
그날을 손꼽아 기다리며
튼튼한 뿌리를 뻗고 서 있는
나는야 큰 나무.

시닯

본명: 정순일(丁淳一)

출생: 1962년 3월 6일(음) 강원 정선
심명: 꿈을 공유하는 사회
등단: 서라벌 문예/詩 "눈의 비밀'로 등단
경력: (주)유니드 복권솔루션 수출업
(주)단지뉴스 아파트 무가신문 발행
現:드림코리아(주) 게임솔루션 개발 제작 근무중
주소: 경기도 수원시 팔달구 우만동 524번지
메일: jsidream@naver.com

목차:

침묵

할 말이 없기 때문이 아닙니다
그대를 잊은 까닭은 더더욱 아닙니다
하 많은 날을 그리워해야 할 그대가
사뭇 안으로 한없이 잠기어
내 안의 언어를 모두 잠재운 까닭입니다
강물 위를 비추는 고요의 달빛처럼
꿈길의 강변에도 파장이 일고
잠에서 깨어나 또 다시 그대가 그리울 때
흔들리는 내 마음을 읽어 언어가 되실 이

그대가 사랑인줄 내가 아는 까닭입니다.

장미

선운산의 동백은 일러 보지 못하고
3월의 꽃씨를 가슴에 품었다가
만삭의 꽃 가슴
끝내 꽃 한 송이 낳고 말았지

그대가 사는 의정부
육지를 그리워한 시애틀의 배 한척
차 한 잔의 인연에도 못내 그대가 그리워
그대 집앞 담장 사이 장미로 피었어
그대가 나를 사랑할 때나 떠나 있을 때나
나는 늘 그대가 그리워
젖은 담장이라도 기어이 올라
불현듯 그대의 창을 넘고 싶었지
잠시 창문을 서성이던 그대가 안개비로 사
라지던 새벽

꽃무리로 흔들리던 사람들이
꽃잎으로 흐트러질 때
까치발로 훔쳐보던 그대의 목덜미
그 가여운 사랑의 무게

무릎 꿇고 꽃잎 같은 기도 바치고 싶었어.

사랑한 만큼

-한 여름날의 기억

그대 내게만 고백해 보게
그녀와 보낸 질퍽한 봄, 그리고 여름날이
아직도 사랑이라 기억되는가

저 빗줄기가 그런 것처럼 여름은 온통
뜨겁게 쏟아지고 날리는 것들뿐이네
그대 가슴을 흔들었던 수 없는 사랑의 맹세
유행가 가사처럼 널려진
그 흔한 레파토리를
그대 바보처럼 믿었던가
저 무심한 빗줄기에 묻혀 순간
흔들리는 몸짓을 즐거웠어요.
행복하게 건네는 저 뻔뻔한 작별의 인사를
사랑의 서시인냥 줄기차게 받아 적다니
숨 가쁘게 들췄던
그녀의 치마속을 어서 오세요.
끈적하게 유혹하던 그녀의 속삭임
그대 아직도 사랑이라 믿는가
사랑한 만큼 -그대의 훌륭한 착각에 찬사를
-
후두득 갈겨버리는 저 빗소리를
멈추지 말고 어서 세시게나
여름날은 온통 날리는 것들뿐이네
덧없는 맹세가 그런 것처럼
번쩍하며 사라지는 것들뿐이네.

꺽지

나를 아시나요
조양강 지경보가 내고향이지요
수풀을 따라 크고 작은 바위틈이
설레는 놀이터였어요
이젠 내 이름까지 잊어버린 그대가
어린 날 무심코 던진 낚싯줄
만나고 싶었지만 두려웠어요
파닥거리며 줄을 끊자
아쉬움에 그대 울고 말았지요
그대 아쉬워 울었지만
예리한 가시 상처 때문에 나도 울었어요
멈추지 않는 울음
도시로 떠난 그대 나처럼 꺽지가 되고
그날처럼 그대 여린 목에
날카로운 바늘이 꽂히고

퍼뜩 거리는 그대
그대가 안쓰러워 내가 울어요.

버스 안내양

-미라의 버스

비 오는 날에는 경동시장에 가서
버스를 타자
신사동을 향하는 29번 버스가
1980년을 달리는 추억의 버스가
다 내리지 못한 이야기로 덜컹거리며
순간 그대 앞에 멈출 것이다
새엄마가 싫어서 집 나온 미라는
열일곱살 가출소녀 착한 미라는
우이동 종점 29번 버스안내양이 되었다
차비대신 신문팔이 아이가
신문을 건네고 짜가 학생 공돌이가
멋쩍게 학생 권을 내밀어도
미라의 버스는 언제나 오라이다
꽃잎 같은 손등으로 탁탁
차창을 두드릴 때
미라는 이미 알고 있었을까
결번인 걸 모르고
미라의 버스를 줄기차게 기다린 날
비까지 추적거려 나는 생쥐가 되었다.

-너 어제 차비 뭘루 냈냐?-

그날부터 나는
미라의 버스를 타지 않았다.

원망스럽게 두리번거리며
겨우 오라이를 외치는 내 사랑 미라를
빨간 안내양모자에 갈색 머리핀이 너무
예뻤던 미라를
경동시장 고춧가게 뒤에 숨어서 두고두
고 보았을 뿐이다.

........봄꽃이 서른 번이 피었다.

운정(雲靜)

본명: 김영신

출생: 1956년 경북 구미
주소: 경북 포항시 북구 덕산동 113-31
메일: ckimsin@hanmail.net

목차:

디지털 카메라에 묶인
여름날의 환상

신라의 말발굽소리 하늘을 진동하던 날
그때도 연꽃은 진흙 속에서 피어올랐고
들녘을 달리던 화랑의 늠름한 기상을
더듬으며 슬픈 왕족의 이야기를 생각한다

뒤안길로 사라진 고결한 선조(先祖)의
숨결이 연못의 향기로운 꽃잎으로
피어나고 어디선가 종소리 울려
에밀레 에밀레종도 울고
연꽃도 피었는데

연잎에 물방울 동그라니 홀로 뒹굴고
꽃으로 피지 못한 신라의 마지막 왕
경순왕의 눈물인가 마의태자의 눈물인가
천 년 등불이 사그라지던 날의 비애인가

한 여름날의 군중은 꽃에 이끌려 모여들고
한 많은 역사를 간직한 도시를 덮어
버린 연꽃 연꽃도 역사를 공감하고
역사도 연꽃을 공감하는
우리들의 시대는
디지털 카메라에 묶여 있다.

가을바다로 오렴 친구야

잠시 일상을 내려놓고
친구야!
가을 바다로 오렴
초승달 뜨는 밤 푸른 목소리로
노래 불러 주면
나는 그 멜로디에 취해
바다에 취해 목마가 된다

빨간 등대에서 흘러나오는
불빛을 보며
너와 나의 가슴에서 피어나는
물안개를 안고
갈색으로 흔들리는
너의 그림자에서
억새의 이야기가 들려온다

바다에 젖어드는
너의 맑은 영혼에
하나의 별이 되어
목마의 방울 소리가 되어
반짝이는 추억으로 남고 싶다
나의 그리운
친구야.

계좌 이체되어 온
절박한 슬픔

그의 교신은 늘 단문(短文)이었다
입금을 알리는 문자 메시지에는
사무적인 내용으로 수신되었고
자신의 존재를 알려 주는
수단이기도 했다
그리하여 우리의 궁핍은 채워지고
꼬박꼬박 통장을 파먹어 들어가는
돈벌레를 위해
계좌 이체되어 온 그의 화폐가
자동이체의 납부기한을 만족시켰다
허공과 허공 사이로
눈 깜박할 사이
전달되는 온라인의 위력
그가 보내온 숫자의
절박한 슬픔은
사막의 모래바람같이 매섭다.

코스모스의 추억

가을의 들길에서
구월의 하늘을 닮아 버린
사람아

나부끼는 풍경화가 되기 위해
얼마나 많은 비바람을 견디어 왔던가
가녀린 웃음 뒤에 숨어
강인함을 간직한 체
살아온 나날

속으로 삭인
질곡의 시간을
건너온 그대
흔들리는 허무를 딛고
화려한 꿈으로 피어난 꽃

오늘은 갈색 바람이
머물다 간 자리에서
코스모스를 노래하는
사람아.

행복을 흥정하는 사람들

시린 뼈를 추스르며 새벽을 여는 사람들
튼튼한 정신을 가지고
이른 아침을 팔고 있는
착한 움직임이 있어
시장은 언제나 사람 냄새가 난다
화폐단위의 고마움이 피부에 와 닿아
서로 주고받고 깎는 재미가 여간 아니다

푸른 잎 한 장이면 푸짐하여
풋고추 오이 가지 호박 고등어
요것 저것 사다 보면 장바구니가 가득하다
평소보다 넉넉히 사면 덤을 주고
가끔 실랑이가 벌어지기도 한다
조금 더 달라고 하면 남는 것 없다고
옥신각신 사소한 다툼이 벌어진다

수박 참외 토마토 옹기종기
길에 나 앉아 있고
복숭아 한입 깨물면 단물이 뚝 뚝 흐르고
자두도 달콤한 냄새를 풍긴다
과일 한 소쿠리 검은 봉다리에 넣어 주는
재래시장의 토박이가 된 할머니
무궁화꽃 같이 소박하게 웃는다.

아침으로 가는 골목

눈꺼풀에 침묵을 달고
사람들은 산으로 올라간다
웰빙 신봉자들이 지나가는 그 골목에서
마주치는 그늘진 기와집 한 채
담장 안의 무화과 열매는
지중해의 햇살을 그리워하고
녹슨 대문을 지키는 입 다문 자물쇠와
손길을 받지 못한 마당의 나무들
떠나야 할 이유를 가진 집주인은
폐허를 남겼고
산을 향한 발걸음은
눈길을 남긴다

무궁화 꽃이 벙그는
등산로 입구에서
건강을 추구하는 열성분자들은
꾸역꾸역 위로 올라가고
시민을 위한 운동 기구는
산의 일부가 된다
노동보다 더 존중받는 운동이
산을 점령하고
빈집의 지붕에는
잡초가 자라고 있다.

죽림(竹林)

본명: 강두철

출생: 1955년 6월 2일생(음) 전북 익산
직업: 자영업
심명: 후회없이 살자
메일: softkan@hanmail.net

목차:

바다

무엇이
그리도 그대를
슬프게 했기에

무엇이
그리도 그대를
분노케 했기에
하얀 거품 머금고
밤새 몸부림 쳤나요.

한 번 밀어내고
두 번 끌어안는 것이
그대의 넓은 가슴 아니었나요.

동녘에
붉은 햇살이 드리울 땐
하염없이 잔잔한 미소와
소녀 같은 물결로 대해주던 그대

그런데 어찌하여
그토록 밀어내기만 하나요.
그대의 밀어내기에
내 가슴은
작은 모래알이 되어버렸습니다.

운무(雲舞)

폭풍과 번개 그리고 천둥소리
처절하리만큼 빗줄기는 내린다
산골자기에 폭포수를 만들고
대지에 강을 만들며 쏟아낸다.

힘들고 힘들었던 날들
저 빗줄기속에 던져버리고서야
난 가벼운 마음을 추스린다.

왁자지껄 시끄러운 공간
장터의 오가는 행인들
저녁 무렵 그들은
그림자를 만들며 귀향하고
적막이 흐르는 그곳처럼

밤사이 모든 것은 멈춰섰다
하늘엔 맑고 싱그러운 햇살이 보인다
울창한 숲이 우거진 앞산 7부 능선에
승천하지 못한 용의 꿈틀거림
산봉우리를 휘어감고
깊은 사랑에 빠졌다.

하늘이시어

파도야
슬픈 가슴 잊기 위해 너처럼
몸부림쳐 보았음 얼마나 좋겠니.

이 아픈 몸 잊기 위해
너처럼 어디엔가 부서지도록
부딪혀 보았음 얼마나 좋겠니.

매말라 버린 내 가녀린 육체
망망대해 돛단배 띄우듯
가는 세월의 바다에 던져버리고 싶다

하늘이시어!

왜
이렇게도 제게 모질게 하시나요
바람 앞에 등불 같은 내 인생
얼마나 더 모진 인생을 살아야합니까
민들레 홀씨처럼
바람에 흩날려 버리고 싶습니다.

부디 가엾은 내 인생 어여삐 여기시어
한 가닥 희망의 불빛이래도 보내주소서.

슬럼프에 빠지다

칠흑 같은 밤
별도 보이지 않는다
우주를 날으는
아무것이나 붙잡고 흔들어 볼까

머릿속이 실타래처럼
복잡하게 얽히고 엉킨
텅 비어버린 깡통처럼 허전하다

치열하게 다투던 상대가
갑자기 사라져버린 허탈감

목숨처럼 사랑하던 이가
떠나버린 느낌

아무것도 그려지지 않는
하얀 백지장이다.

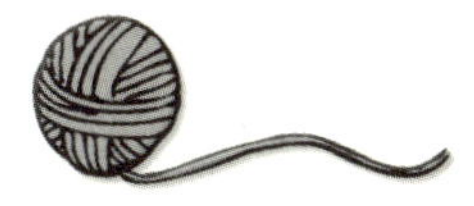

보금자리

어릴 때부터 꿈꾸어 왔던
너와의 만남을 아는 듯
넓은 가슴으로
나를 반겨 주던 날

내가 얼마나 행복하고
가슴 뜨거웠는지 모른단다.

너를 얻기 위해 길을 헤매고
눈물 흘리며 힘들었던 날들이
회상(回想)으로 다가와
미소 짓게 하는구나

이제는 헤어지지 말고
아름다운 희망의 내일을
너와 함께 가려한다.

너의 넓고 따뜻한 품속에서
매일 행복을 누리며 살려한다.

영원한 나의 보금자리여.

비오는 날의 추억

하늘에서 내리는 것은
모두 다 찬란하고 신비함이 있다.
바람 불어 좋은 날도 있지만
하얗게 내리는 눈송이는
황홀감에 도취되어 빠져들게 한다.

하염없이 내리는 빗줄기는
비오는 날의 추억하나쯤
갖고 있는 사람에겐
물보라처럼 보이지 않겠는가.

가슴이 뜨겁던 시절 빗속을 뚫고
뜨거운 가슴을 식히느라
넓은 들판을 뛰고 마냥 걷다가
어느 집 담벼락에 기대어
처절하게 가슴을 적셔 보았던
비오는 날의 추억이
그대에게도 있지 않은가.

청하(靑蝦)

본명: 최흥규

출생: 1962년 김제 청하
경력:
'85 전주MBC 친절수기 우수상 수상
현재: 세일디자인 운영
(컴퓨터그래픽 디자인, 상업디자인 전문)
메일: choikr3412@hanmail.net

목차:

삶

햇살은 스치듯
신기루에 젖은 안개는
겹겹이 무겁게 내려 앉아
속앓이의 슬픔이 되어
끊임없이 솟아나서
쉴 줄도 모르고 삶을 투정한다
자맥질에 손을 잡고
아름답고 뜨거움을 다하여
맑은 혼으로 배웅하며
네가 있으니 내가 있음이니
세상의 모든 맑음을 모아서
벅차도록 꿈을 안겨주고 싶다.

새가 되어서

춥고 험한 힘겨움 들을
세상 사람들에게
삶의 짐으로 내려주며
투박한 상처의 몸부림 따라
정당하게 다듬질 하여 가는
푸른 세상마다 청잣빛으로 흡수 시키며
뒷편 고갈된 몸 구석에는
맑은 나릿물로 흘러서
거침없는 행복의 정화수로 융화되어
인생의 나래를 펼쳐주고 싶다.

나는 지금

외길을 정해서 46년 전에 떠났다
시작의 신호도
끝의 울림도 어둠속으로 묻어 버리고
절망의 칼날을 참고 견디며
고독한 길을 유유히 걸었다
떠날 땐 세상이 구분이 있어서 좋았다
멀고 먼 길 길을 구비 돌아
사랑과 늪은 소망으로 일군 평탄해질 뿐
지친 몸체는 아물지 않고
덧칠 되여 흐르고
먹구름 낀 세상의 마음들이 변함없고
가지 않은 다른 길 또한 그러할까
삶이 고되어 눈물이 늘어난다.

소금

더함과 모자람을 휘감아
남루한 세상을 잠재우고

적당한 맛의 진미요
티 없는 순수함이라

세상에서 생명을 다하여
근본을 알게하니

세상은 행복한 만족이요
진정한 평화의 호수여라.

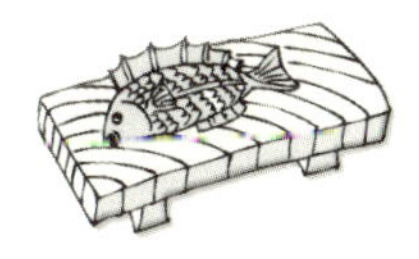

술

혜적이는 지난날들
춤추는 추억의 인고에
삶은 가벼워져
내 마음 날아간다

탐욕은 멍들어
비틀어진 육신을 달래며
지난날과 앞날도 흔들어
빠르게 포옹한다

한 모금 두 모금에
마음속 불꽃은 튀어서
세상과 애무로 타협하며
안타까운 추억들이
비틀거리며 다가온다.

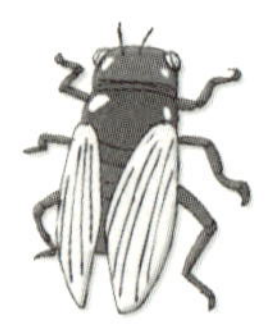

천사와의 사랑

덧나고 아픈 사람 잠시 머물러

금가버린 당신의 몸인 줄도 모른 체
뜨거운 정열의 사랑과 더불어
석양의 불빛 속에 자신을 불태우더니
남에게도 사랑을 나누어 준다며
새벽녘 울며 떠나갑니다.

세상 모든 허물을 보듬어
빛으로 흐르는 당신의 눈물은
고달픈 세상의 질곡 같은 아픔에도
영원히 생기로 전해주며
사랑과 미움의 구별을 잃은
당신의 사랑 앞에
한없이 눈물이 고입니다.

춘곡(春谷)

본명: 김광섭(金光燮)

출생: 1962년 7월 2일(음) 충남 청양
별명: 향풍(鄕風)
필명: 철마산(鐵馬山)
서재: 철마장(鐵馬莊)
주소: 공주시 중동 354-2번지
양력: 옥천 임마누엘교회
영동 양정교회
현 (공주) 임마누엘교회 목사
메일주소: kks9913@hanmail.net
카페지기: http://cafe.daum.net/cheolmer

목차:

잠 못 이뤄
님 그리는 밤

잠 못 이뤄 님 그리는 밤
바람이 내 방 창을 흔드는 소리는
잠 못 이루는 내 마음
더 서럽게 하는구려
님 그리워 잠 이루지 못하고
나의 마음 까만 숯덩이가 되었다오
하얀 태양이 뜰 때까지
온통 머릿속엔 숯덩이로 쓴
님을 향한 그리움의 편지만이
가득하다오.

마음 머무는 곳에
몸도 머물고

구름은 바람에 실려
하늘을 유람하고
이내몸은 마음 따라
길을 나서네
내 마음 머무는 곳에
몸도 머물고
벗과 함께 한잔의 차가 있으면
나는 족하네.

잠 못 드는 밤

낮을 달구던 태양도 자고
땀을 식혀주던 바람도 자고
요란스럽게 빨빨거리며
돌아다니던 자동차도 자고

분주하던 사람도 자고
아름다움을 뽐내던 꽃들도
가슴을 움츠리고 자고
생명을 잉태하고
양육하던 대지도 자는데

역시나 오늘도
잠 이루지 못하는 밤이라오
저 달과 나는 어이해
잠 이루지 못하는고

달은 사랑하는 님을 지켜보며
가슴속이 벅차 잠 이루지 못하고
이내몸은 주님 그려 잠 이루지 못하네.

님의 마음속에
내 집 지으려 하오

하늘을 노래하려 하오
이상을 노래하려 하오
땅에 메인 몸
하늘에 갈수 없소
님의 속에 들어갈 수 없소

큰 이상을 가슴에 묻어두고
글로나마
하늘궁전 내 집에 가보려 하오
글로나마
님의 마음속에 내 집 지으려 하오.

꽃이 되어 그대 마음에 머물고 싶어라

그리움에 그대가 불러보는
꽃들의 이름처럼
향기 가득한 꽃이 되어
그대의 사랑 받고 싶어라

마음속에 영원히 피고
지지 않는 꽃이 되어
그대 마음에 머물고 싶어라
그대의 아픈 첫사랑이 되어
그대 마음에 머물고 싶어라.

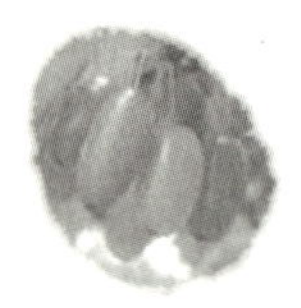

그대 아파하지 말아요

등 뒤에서 흘리는
그대의 눈물에
내 마음이 녹아내리오
내가 아파 더는 외면할 길 없소

나 그대 그리워
가던 발길 돌려 뒤돌아 왔으니
그대 아파하지 말아요
그대 상한 마음에
내 사랑의 영약을 발라주고
내 팔로 꼭 안아 감싸주리다.

나 그대 그리워
다시 돌아왔으니
그대 그만 아파하시오
그대 가슴속
빈자리
빈 가슴
내 사랑으로 가득 채워 주리다.

파인(波璘)

본명: 박정민

출생: 1962년 2월 22일(음)
심명: 포기할 수 없으면 즐겨라
등단: 좋은문학 /詩 "그 만큼만"으로 등단
주소: 경기도 수원시
메일: jmp119@hanmail.net
카페지기: http://cafe.daum.net/pine119

목차:

그 만큼만

진정한 사랑을 하되
자유로울 만큼만 구속하겠습니다.

넘치도록 주되
받는 만큼만 채우고

차오르는 만큼만 기뻐하며
행복한 만큼만 누리겠습니다.

기다림에 조급하지 아니하되
견딜 수 있는 만큼만
그리워하겠습니다.

언젠가 이별의 순간이 온대도
치유될 만큼만 아파하며

내 눈물,
내 사랑이 마를 만큼만
기억하겠습니다.

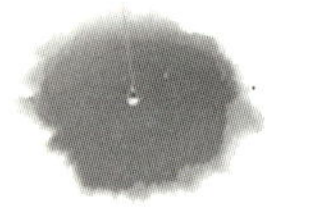

바람 같은 인생

사라진 모습
회상하면
후회만 서리니

살갑던 정
버린 기억들
마음에 담아 무엇하리

홀로 남아
조각난 추억
가슴으로 쓸어 담고

눈물만 떨구다니
냉기서린
미소만 가득하다

그리움으로
흔들어 대던
정겹던 그 시간들

동행하지 못함에
차가운 흔적 되어
바람에 서걱 인다.

무(無)

슬픔인 듯 그리움인 듯
형체 없는 그 이름

곤한 등짐 내려놓고
술 한 잔 동무하니

세상만사 부질없어
삼라만상 저버리고

무상에 처박히니
세상사 오간데 흔적 없다.

가슴에 내리는 비

사랑이 허물어지고
장벽이 드리우던 날
너를 내 안에 가두고
그 많은 시간들을 아파했네

너를 향한 그리움은
지칠 때도 되었건만
차마 지우지 못한 그 기억들을
이제는 이별이라 말하겠네

외로움이 깊어 눈물이라 해도
이제 다시는 사랑이란 이름으로
내 안에 깃들지 말기를

이제 다시는 그 사랑으로
아픈 이별이라 이름 하지 말기를

내 안에 너를 보내는 이별
그 서툰 몸짓위로
하염없이 비가 내리네.

조용한 안부

지난 시간 가슴에 묻고 돌아온
이 자리에 온 몸 휘감아 오는
쓸쓸함만 가득한데

사랑한다 말을 하니 바람이 훔치고
그 모습 그리려니 까만 밤이
삼켜버립니다

살아온 만큼의 사연들이
세월의 강 언덕을 넘어
헤진 마음 언저리마다 젖어올 때면

어디선가 같은 하늘아래
같은 땅을 딛고 있을 그 이름 하나

스치고 지나는 한줄기 바람처럼
무심히 밟고 지났을 이름 모를 들꽃처럼
까마득히 잊었을 줄 알면서도

아득히 먼 길 돌아온 지금
차마 전하지 못할
조용한 안부를 묻습니다.

사랑은

있잖아요
사랑은 구속이 아니라
나누는 거래요.

마음은 빼앗는 것이 아니라
더하는 거구요.

기쁨은 서로 곱하고
슬픔은 서로 반으로 줄이는 거래요.

사랑은 받는 것이 아니라
주는 거구요.

그리움은 사랑의 깊이를
재기위해 간격을 두는 거래요.

있잖아요
사랑한다는 말은
먼 훗날을 위해 아껴누는 거래요.

해송(海松)

본명: 김명수(金明洙)

필명: 방랑풍(彷郎風)
출생: 1969년 11월 7일(음)
심명: 이서상협(理恕相協)
경력:
시민문학협회 정회원, 낙동강문학 편집위원,
태화문협 정회원,
현재: 사진가, 논술학원 운영,
주소: 대구 북구 산격동
메일: sixk5sic@hanmail.net

목차:

내리사랑

답답함이 뭉쳐 있어
곳곳에서 불어온 시원한 바람
전혀 감지 못한다.

채 피어보지 못하고
시들어 버린 파릇파릇한 꽃봉오리
짧은 생을 마친다.

태양 따라
밝게 웃을 날을
기대해 보지만
그 속을 알지 못한다.

내리쬐면 최고인 양
그렇게 한없이 한없이
비추고만 있다.

고통

어둠 속 질러대는 괴성
변화되는 고통의 소리
어디엔가 부딪쳐 변화되는 고통의 소리
새로운 탄생을 위한 몸부림
패인 골 따라 순응하며 흘러가니
어느 순간 재잘거리며
기억만을 남긴다.

지나친 흔적을 지우고
스스로 위대함을 노래한다
쓸어버린 흔적들
안타까움으로 남아 버리고
다다른 곳은 그들의 세계라
승천하기 위하여
세월의 흐름을 위하여
새로운 탄생을 위하여
춤추며 쉼 없이 울부짖고 있다.

하얀 꽃

눈물 맞아 무거워져
하늘을 볼 수 없었던
고개 숙인 하얀 꽃

지난 기억의 꼿꼿한 자태
세월의 바람 불어 휘청대던
고개 숙인 하얀 꽃

받아들여야 하는 세월의 채찍
가녀린 줄기마저 힘없이 꺾여버린
떨어진 하얀 꽃

고이 뉘여 하늘을 보지만
한 줌 먼지 되어
아쉬움마저 날려 버린다.

반복

침묵을 삼킨다.

아스라이 지워지는 따스함
그리움으로 남고
대답 없는 메아리만 다가온다.

보이지 않는 투명함이
애절함으로 남고
답답한 피 끓음이
곳곳에 널브러져 있다.

다가오는 짓누름이
또 하루를 열고
터져라 부푼 그조차 꺼진다.

하얀 구름 속만 태우니
미쳐가는 모습이 새롭다.

흐름

소리 없는 흔들림으로
정처 없음에 한탄하고
이별의 아픔을 맛보니
미동 없이 고요한 대지
까칠한 인심(人心) 사이로
아름답게 나를 지켜보는 구나

생을 보듬고자 밀쳐버린
아쉬운 목심(木心)에
정처 없는 생을 탓하니
광풍은 그걸 아는지
나를 마구 흔들어
발악에 눈감고 태연한 척
핏줄 당기는 힘을 주고 있구나.

덧없음의 행복

덕지덕지 붙은 흉한 따까리
떼어내려 애를 써도
아픔이 너무 커 손대기 무섭고

짜내고 짜내어도
나오는 고통의 고름
언제 마를까 한숨만 나온다.

곪아 터져버린 못난 상처
세월은 그걸 썩게 하여
긴 여운의 자취만 남기더라

덧나려 애쓰는 못난 것들이
깨끗한 육신
흉측하게 만들어 버리니

고통일랑 묻어두어라
시련일랑 감내하라
덧없음을 행복이라
오늘도 그 꿈결에 정다움을 느낀다.

혜민(惠珉)

본명: 우종준

출생: 1962년 11월 2일(음) 충주
직업: 회사원
심명: 항상 웃음은 나의 친구
주소: 충북 충주시 교현2동 383-93 번지
메일: wjj0206@hanmail.net

목차:

사랑해

사랑해!
사랑해!

주문 외우듯
'사랑해'를 되뇌이고
되뇌어 봅니다.

화살 같은 빠른 속도로
내 가슴에 하트가 파고듭니다.

봄으로부터 실바람 타고 온
사랑해의 멘트들이
하늘, 땅, 바다처럼 풍만하니

꿈속에도
사랑의 중독되어
내 인생의 전부를
사랑으로 물들이고 맙니다.

내 마음 바람결에

어디서 불어오는 바람인가
그 바람의 숨결 속에
잔잔히 잠자고 있던 마음이
알 수 없는 폭풍을 일으키고 있네

휘몰아치는 풍랑에
갈피를 찾지 못하는 마음
소용돌이에 휘감겨 헤어나지 못하고

노크도 없이 마음의 문이 열려
바닷바람처럼 휘저어 오는 마음의 배는
침몰하기 일보 직전이라네

그림자에 드리운 먹빛 하늘은
활화산처럼 타오르는 욕정을 부풀리고
분화구의 용암처럼 사랑을 불태우며

터질듯 부풀어 오른 가슴마다
출렁이는 마음의 진율로 하여
혼란 속에 흠뻑 빠져드네

암울한 빛의 희망이여
오늘의 환희를 내일의 꿈으로
피어나게 하소서.

내 마음의 그대

마음의 문 두드리니
그대 환한 웃음으로
나를 반기네

잊은 듯 멀리 바라보다
문득 그리움으로
다가서는 그대

하늘거리는 가녀린 마음에
봄을 실어 그대 품으로 띄워
행복의 꽃망울을 터트리며

가슴에 그리운 얼굴을 그리며
마음 가득히 사랑을 노래하네.

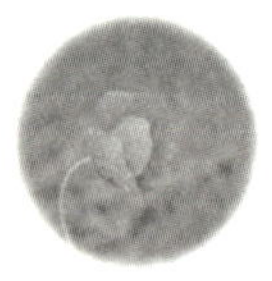

거목 한그루

모진 세파에 찌들고
풍랑에 갉히어도
꿋꿋하게 가지를 뻗으니
웅숭하기가 하늘 높은 줄 모른다.

웅장함이 근엄하여
감히 바라볼 수 없으니
큰 그릇의 거목이련가
한 맺힌 이내가슴 조차 흔들린다.

넓디넓은 대지위에서
용틀임하는 그들의 품안으로부터
잔잔한 희망의 빛을 발산한다.

여보게

여보게
자네는

왜
나를 이토록
행복하게 하는가

난 자네에게
아무것도 해 줄 수가 없는데

험한 세상 자네가 있어
나 이제 힘들다 말하지 않겠네

자네의 언변에
즐거움의 꿈이 피어나고

지치고 힘들 때
언제나 웃음을 선사한다네

자네에게
내 어찌 은혜를 갚을거나

모진 세파에 찌들어 가는 마음을
자네는 희망을 안겨 주었고

이렇게 편안하게
보낼 수가 있다네

여보게!

반쪽 사랑에게

온 사랑으로 꽃 피워
가슴 가득 꽃밭을 일구어도
반쪽은 채워지지 않습니다.

오늘도 반쪽의 아름다움을 위해
영혼의 꿈을 수놓지만
슬프지가 않습니다.

새록 피어나는 반쪽
온 몸으로 휘감으며
온 사랑으로 가는 길목에 서서
꽃망울을 터트린다면

그리움으로 북돋곤
끈질긴 사랑을 잉태할 수 있다면
봄바람 타고 천릿길을 달리고 싶습니다.

과객

본명: 김형환

본명: 김형환 (金亨煥)

출생: 1955년 5월 22일(음)

주소: 경기도 용인시 수지구 신봉동 LG 빌리지 5차 506-1603

학력: 영남대학교 상경대 졸업

경력: (주)錦洋아이엔씨 대표이사(1989~ 현재),

현재: Mountrail mall 대표

영남대 총동창회 이사

재경 장수면 향우회 사무국장

메일 : hwkim@kymode21.co.kr

목차:

촛불시위/
삶의 조화/
삶의 의미/
텃밭의 즐거움/
즐거운 상상/

촛불 시위

미국이나 유럽을 출장 차 다니다 보면 마음속에 잠재된 열등감이란 것이 노숙자(Homeless), 실업자(Jobless) 및 시위 꾼(데모대?)을 만나게 되면 눈 녹듯 사라진다. 잘사는 나라일지라도 어두운 면이 있기 마련이요 사는 것이 어디든 마찬가지리라.

우선 눈에 띄는 것이 우리나라와 비교되는 데모대다. 피켓에 데모중임(strikes)을 알리고 내용물에는 세금문제, 집 문제 해결촉구 등을 적어 몇 사람이 어슬렁거리며 확성기는커녕 목소리마저 나지막이 소곤댄다.

(고소당하면 자기만 손해-실제 권리침해로 소송이 많다)

98년 종로로 이사하고 직장은 광화문에
있으니 종로에서의 생활이 10여년으로
접어들고 있다.
시청광장이 열리고, 청계천 물이 맑게
흐르는 걸 보면서 서울중심의 복잡한
생활에 좋은 점도 있었다.

그러나 촛불시위가 문화권에 접어들 무렵 시끄러운 확성기 소음이 귀를 어지럽히고 경찰과 대치하는 시위대는 골목마다 몰려 다닌다.
주변 상인들과 회사원들에겐 이만한 피해 보상을 위한 소송거리가 없겠지만 우리나라에선 전무하다.

이제는 퇴근 후 땀 흘리며 운동하던 재미도 시위군중이 몰리기 전 이른 저녁에 미리 퇴근해야 하니 경건한 의식으로 사용되고 어둠을 밝히던 촛불이 우리나라에선 불장난이더라.
시청광장에 해질녘 시작되는 문화행사와 청계천 물 길 따라 걷던 엊그제의 그런 낭만은 언제쯤 다시 오려나?

삶의 조화

현 상황의 급류는 빠른 변화를 일으키며 흘러가고 미처 준비되지 않는 자는 쓰나미에 휩쓸리듯 대책 없이 표류하다 매몰되고 운 좋게 살아남은 자들의 겁먹은 표정에서 사태짐작과 순간적 가치를 발산한다. 그리고 곧바로 망각 속으로 끝없이 평온의 연속을 믿으며 또다시 미래를 위해 무엇을 준비해야 하는지를 심중으로 각인하며 두렵다 못해 이제 지쳐간다.

의지하는 자는 머슴버릇 버리지 못하듯 자존심 강한 자는 자신만 알고 순한 양 풀 뜯어먹듯 넓은 들판을 두고 쫓기어 산 위 암벽 사이로 위태위태 제 목숨 부지하기 어렵다. 그래도 표적되기 쉬운 벌판에서 쫓기며 사느니 마음의 평안은 얻었으리라. 핵심을 보질 못하고 주변을 겉돌며 무사안일의 내일을 보지 못하고 사회의 조화는 어디로 흘러가고 있는 것일까.

경쟁에서 떨어지면 살아남기 힘든 이때 아직은 배불러 무의식중이라 시키는 대로 하지 않으니 보질 못하고, 느끼질 못한 채 어려운 상황이 닥쳐서야 비로소 한 솥밥 식구조차 너 밥, 나의 밥이 따로 노는 세상이라면 불명확한 과거의 결정에 어쩌면 자신을 내맡기며 사는지도 모른다.

불투명한 미래에 대한 선택과 결심은 불안하더라도 자아발전을 결심은 해야 한다.
머릴 맞대 의논하고 협력하여 힘든 현실을 돌파한다면 멋진 결과를 만들어 함께 웃을 날 있지 않을까?

삶의 의미

지난 주 고향에 재종숙 문상을 다녀왔다.

일요일 이른 아침 전화 벨소리에
아직 잠이 덜깬 상태에 갑작스런 별세를
통고를 받고 잠시 머리가 빈듯 가슴으로
부터 허무를 느끼더라.

100년 아니 수 백 년 전 동일한 산하를
오늘날의 우리와 어쩌면 똑같은 생각으로
고향을 지키며 살아 온 우리 조상들의
삶은 시대가 바뀌었을 뿐더러 우리는
현재에 살고 있다는 차이리라.

의식주 해결이 삶의 우선이었고 한평생
애써 가꿔 온 땅마지기의 수확들이 매년
풍족했을 리는 만무했지만 그래도 그분들
의 삶은 자식의 성공을 위한 최선이었으
리라.

전날 건강이 좋지 않으시다는 당신은 그 날도 평생 그러하시듯, 이른 아침 논물 보러 가신 그 길이 마지막이 될 줄이야

산골의 외로움과 농사일의 고달픔을 견디기 위해 항상 술을 즐기시던 당신에게 건강을 위해서 조금이라도 줄이시라는 못난 충고가 차라리 좋아하시는 술이라도 맘껏 드시고 가셨더라면 회환이 눈물 되어 흐른다.

텃밭의 즐거움

"반갑다 친구들! 나 과객일세"
"오랜만에 찾은 나의 무심함을 탓하게!"
친구들의 오붓한 삶의 얘기가 한결 가까이 느끼는 것은 살아 온 우리네 삶의 무게 때문이리라.

작년 5월, 마누라 직장이동으로 하여 산과 공기가 좋은 용인시 수지로 이사한 후 출근길이 멀어 시간속에 허덕이다 보니 어느덧 이곳에 정착한지 일년이 지났다.

어느 날 근교 광교산에 갔다가 오는 길목에서 텃밭을 일구는 사람들을 보며 호기심으로 시작한 서너 평 남짓한 나의 텃밭에는 상추, 열무, 건대, 고추들이 쑥쑥 자라고 있어 주말이면 땀을 맘껏 흘릴 수 있는 그곳으로 가게 된다.

어릴적
부모님이 하라면 마지못해 하던 일하고는 천양지차다. 집중이 되고 함께할 희망을 쏟는다. 그러다 보니 부모님들이 한적한 시골에 살면서도 심심하지 않았는지도 느끼게 되었고 또한 가식에 찬 자신을 돋보이기 위해 용쓰며 살아 온 우리네 삶들을 돌아보게 할 현실도 알게 된다.

잘나고, 가진 사람에 대한 못난이의 부질없는 냉소와 질시가 마냥 있는 그대로를 받아들이는 것이 자연을 인정하고 순응하는 걸 알기에는 내 자신이 너무 늦었더라.

이번 주말은 날씨가 좋다는데
산행보담 텃밭의 상추색깔에 더 관심이
가는 이유를.

즐거운 상상

얼마전 직원들의 여름휴가 계획서를 보고 쓴웃음을 지은 적이 있다.
하필이면 8월초에 집중되어 명절날 고향집 가듯 피서를 가겠단다. 명절에는 부모님을 위한 선물 장만의 부담과 음식 장만의 걱정으로 아내의 얼굴보기 조차 민망했지만, 여름휴가를 위한 계획은 최소한 이런 부담 없이 상의해서 즐겁게 쉴 곳으로 떠난다.

직장인의 여름휴가가 연례행사처럼 우리나라에 정착한지 30년 안팎의 짧은 역사라고 생각된다. 60년대 중반부터 시작된 경제개발과 더불어 산업발전을 가져왔고, 더 나은 생활터전을 찾아 농촌에서 도시로 많은 인구집중이 시작되었고,
70-80년대 들어 경제규모와 걸맞은 회사내 복지의 형태로 하여 근무의욕을 고취시키기 위해 실시된 공식적 여름휴가가 현재와 같이 대중화되었다고 생각한다.

물론 옛날 우리 선조들도 여름나기를 위해 양반가를 중심으로 경제적 여유를 가진 이들의 여름휴가는 있었겠지만 오늘날의 여름휴가 형태는 아니었다.

80년대부터 직장생활을 시작한 나는 해외수요에 절대 부족인 공급량을 채우기 위해 동분서주하다 보면 어쩌다 한번 여름휴가를 가야했던 기억이 난다.
공장에선 휴가반납이 다반사였고 수출업무와 영업부에 근무했었던 나는 몇 년에 한번은 휴가를 다녀온 후 그을린 얼굴이 자랑인냥 모처럼의 휴가가 신명나고 기다려졌던 기억이 난다.

오늘날 우리가 갖는 휴가일수가 3일 ~ 1주일이 적당한 기간인가를 논한다면 미국이나 유럽국가와의 거래에서 당사자 간에 휴가기간 중 일어난 에피소드를 생각하면

지금도 웃음이 나올 수밖에 없었던 이유 때문이다. 최소한 15일에서 한 달간의 긴 여름휴가 기간에는 바이어와의 업무상 협의와 신규 상담은 모두 마비되어 그들의 긴 여름휴가를 한편으로 부러운 생각도 했지만 원망한 적도 한 두 번이 아니었다. 즐거운 휴가를 위해 일 년을 일해 번 돈 모두를 투자하는 그들이니 인생의 목적이 무엇이냐는 인생관 논쟁은 부질없다.

지난 40년 동안 우리나라의 경제 발전은 100여년 이상 자국의 부를 쌓아온 저들과 비교해서 우린 아직도 짧은 기간의 휴가에 만족해야 하지만, 50년 후에 우리후손들이 그들과 같은 넉넉한 여름휴가를 즐기며 미국이나 유럽이 부럽지 않을 우리 미래에 대한 나의 기대가 착각이 아니길 바란다.

2008@ 시몽

인 쇄 : 초판인쇄 2008년 09월 22일
인 쇄 : 초판발행 2008년 08월 23일
지은이 : 고경희 진정옥 서재국 권동기 김영란 이병숙
박지우 정순일 김영신 강두철 최홍규 김광섭
박정민 김명수 우종준 김형환
펴낸이 : 우미경
편 집 : 윤기영
펴낸곳 : 도서출판 현대시선
등 록 : 제 387-2006-00017호
본 사 : 서울시 동대문구 장안동 381-8 삼보A동 102호
지 사 : 경기도 부천시 원미구 원미동 147-12
전 화 : 02-844-5756 팩시밀리 : 02-831-5832
이메일 : hdpoem55@hanmail.net

정 가 : 7.000원정
ISBN : 978-89-92687-10-2-03810